RÉVISION

PAR

M. DE CORMENIN.

PARIS.

PAGNERRE, LIBRAIRE-ÉDITEUR,

RUE DE SEINE, 18.

1851

RÉVISION.

IMPRIMÉ PAR PLON FRÈRES,
PARIS, RUE DE VAUGIRARD, 86.

RÉVISION

PAR

M. DE CORMENIN.

PAGNERRE, LIBRAIRE-ÉDITEUR,

RUE DE SEINE, 18.

1851

AVERTISSEMENT

DE L'ÉDITEUR.

Au moment où, sous couleur de reviser, on se propose de renverser la Constitution, il est bon que ceux qui l'ont faite la défendent.

M. de Cormenin, auteur des principaux articles de cette *Charte du peuple*, comme il l'appelle, ne pouvait faillir à ce devoir. Il donne l'exemple.

C'est lui qui, après avoir plaidé avec une si courageuse persévérance, pendant dix-huit ans, la doctrine de la souveraineté du peuple et du suffrage universel, provoqua et rédigea, dès le lendemain presque de la Révolution de février, le Décret organique du 5 mars 1848, lequel servit ensuite de base à la Constitution.

Élu le premier par l'Assemblée constituante membre de la commission des dix-huit, il en fut nommé président, et en cette qualité on le chargea spécialement du travail préparatoire[1].

[1] Le décret du 12 mai 1848 porte : « La commission de Constitution sera composée de dix-huit membres nommés par l'Assemblée au scrutin de liste et à la majorité absolue. »

Le 17 mai 1848, sur 784 votants, et au premier tour, sortirent :

MM.	Cormenin, avec	657 voix.
	Marrast,	646
	Lamennais,	552
	Vivien,	517
	Tocqueville,	490
	Dufaure,	395

La commission de Constitution se trouva ainsi définitivement composée : Cormenin, *président;* Marrast, *rapporteur;* Voirhaye, *secrétaire;* Lamennais, Vivien, de Tocqueville, Dufaure, Martin (de Strasbourg), Coquerel, Corbon, Tourret, Dupin aîné, G. de Beaumont, de Vaulabelle, Odilon Barrot, Pagès, Dornès, Considerant.

Voici les noms des commissaires nommés par les

Les grands principes qu'il proposa et qu'il tira soit des constitutions antérieures, soit du décret organique du 5 mars, soit de son propre fonds, passèrent littéralement dans la Constitution, en sorte que personne, il faut le dire, n'en connaît mieux que lui le sens et la portée.

Dans le travail que nous publions, il a laissé de côté tous les moindres articles auxquels il a mis la main, pour ne s'attacher qu'aux plus importants, c'est-à-dire à ceux qui par leur caractère fondamental seraient à eux seuls une constitution. Tels sont les articles sur la Souveraineté du peuple, la définition de la République, le Suffrage direct et universel, l'institution des deux Pouvoirs, et le principe de la Révision.

L'auteur de ce petit écrit a gardé une par-

bureaux de l'Assemblée pour s'adjoindre aux membres de la commission de Constitution : MM. Girerd, Bérenger, Thiers, Ménand, Chauffour, Flandin, V. Lefranc, Boussi, Parrieu, Crémieux, Crépu, Boulatigner, Freslon, Duvergier de Hauranne, Berryer.

faite modération de langage et il a évité avec un soin étudié toute personnalité, même par allusion. Caractère indépendant s'il en fut, et qu'il permette à un vieil et sincère attachement de le lui dire ici, esprit fort rebelle à la discipline ombrageuse des partis, il a plus d'amour pour les principes, il apporte plus d'énergie à les défendre qu'il n'a d'antipathie pour les personnes, et qu'il ne met de passion à les combattre.

Il démontre que les embarras de la situation actuelle doivent être attribués moins aux vices intrinsèques de la Constitution qu'aux hostilités ambitieuses des deux Pouvoirs qui, au lieu de rester séparés, comme le veulent l'esprit et la lettre de la Constitution, sont toujours prêts à s'entrechoquer et à s'absorber l'un dans l'autre.

Au lieu de se traîner dans les vieilles ornières du régime parlementaire de la monarchie, qui n'est pas le régime républicain de la Constitution, M. de Cormenin voudrait, pour le repos, le bien-être et la liberté des citoyens, qu'on gouvernât et légiférât le moins possible, et qu'on ne fît servir la liberté politique qu'à la liberté individuelle la plus étendue. Cette vüe d'avenir, tirée des habitudes, des intérêts et des mœurs de nos immenses populations modernes, mérite, nous le croyons, toute l'attention des publicistes.

Mais pour en arriver à cette vie libre, douce et commode d'un bon régime de liberté individuelle, sous la garantie des lois, il ne faut pas troubler le pays par des révisions inopportunes au bout desquelles on ne rencontrerait que des catastrophes et des ruines. L'auteur fait donc un appel à la prudence et à l'intérêt des partis, et, dans quelques nobles paroles, il s'adresse en terminant, au patriotisme et à l'honneur du Président de la République.

Pour nous, — qui pouvons aussi revendiquer une humble part dans la fondation de la République et dans le vote de la Constitution, — quelle que soit la résolution qu'on prenne, nous avons foi, comme M. de Cormenin, dans l'avenir de la République, dans le suffrage universel, dans le bon sens du peuple, et dans la fortune de la France.

PAGNERRE, ÉDITEUR.

RÉVISION.

AVANT-PROPOS.

C'est la mode aujourd'hui d'attaquer la Constitution.

Tous les vieux partis lui donnent leur coup de pied.

J'espère bien que le peuple, pour qui nous l'avons faite, la défendra.

Et quand il ne la défendrait pas, que m'importe? *Fais ce que dois.*

Apparemment tout d'abord qu'on ne nous reprochera pas d'avoir fait, comme nos prédécesseurs, une Charte *bâclée*, nom que j'avais donné à l'autre Charte, et qu'elle méritait bien.

Nous avons été nommés, nous autres commissaires, à une immense majorité, pour préparer cette nouvelle Charte du peuple. Nous y avons travaillé, jour par jour, durant plusieurs mois. Nous avons été assaillis, affolés de mille sortes de propositions imprimées et manuscrites ; nous avons pesé le pour et le contre de tous les systèmes ; nous avons écouté toutes les objections ; nous avons pris, comme doivent faire les gens raisonnables, ce qu'il y avait de mieux dans les Chartes antérieures, et nous avons accommodé notre œuvre à l'état présent de la société, — sans prétendre avoir fait un chef-d'œuvre, il s'en faut bien !

Mais, en fait de chartes et de constitutions, qui a fait, je vous prie, des chefs-d'œuvre jusqu'ici, et qui en fera?

Si l'on en savait plus long que nous, ce qui est bien possible, il fallait nous le dire ; nous ne cherchions que la vérité, et si l'on était mieux en état de faire, nous aurions volontiers cédé la place et laissé faire ; car pouvions-nous avoir d'autre et de plus cher intérêt que celui de notre pays?

Préparée par les dix-huit commissaires élus en assemblée générale, débattue par les bureaux, amendée par les délégués, revue par la commission, délibérée par la chambre, discutée par la presse, jamais Constitution ne fut plus mûrement amenée à terme.

Va-t-elle? Oui, elle va; elle va surtout contre ceux qui voudraient qu'elle n'allât pas.

Elle est même douée d'un très-bon tempérament, car elle souffre, sans se plaindre et sans s'altérer, les plus furieuses et les plus continuelles attaques à son principe.

Vous dites, je le sais, que vous étouffez dans la Constitution. Mais pourquoi y étouffez-vous? Les ambitieux étouffent partout. Alexandre étouffait dans le globe, trop étroit pour lui. Les royalistes étoufferont toujours dans la Constitution républicaine la plus parfaite, et d'autant qu'elle sera plus parfaite.

Nous verrons comme nous étoufferons à notre tour dans les Constitutions que vous nous ferez !

Vous dites que la vôtre, la prochaine, sera souple, ample, corsée, neuve surtout. Oh! oh! neuve. Mais on ne fait pas du neuf, parce qu'on rapetasse du vieux; or, rien n'est plus vieux, j'allais dire plus usé, qu'un Directoire, un Comité de salut, une Agence, des Corporations, des Ordres, des États, des Consultes, des Tribunats, un Empire, une Restauration, un Consulat, une quasi-Légitimité, un conseil des Anciens, un double Vote, un Électorat de cent écus, une Éligibilité de mille francs, des Colléges de département, d'arrondissement, de canton, de district, un Sénat et des sénatoreries, des Pairs héréditaires ou à catégories, une Cour, une Liste, un Palais, douze Palais. Nous connaissons tout cela; passez; messieurs, et apparemment que vous avez quelque chose de plus nouveau à nous montrer en belle montre !

En attendant, puisque vous nous attaquez, nous allons nous défendre, c'est-à-dire, que je demande la permission de me défendre dans l'enceinte fortifiée des définitions et constructions politiques que j'ai bâties avec mon mortier et ma truelle.

Je réduis logiquement ma formule aux cinq points qui suivent :

En présence de Dieu et au nom du peuple français.

ART. I.

La souveraineté réside dans l'universalité des citoyens.

Elle est inaliénable et imprescriptible : aucun individu, aucune fraction du peuple ne peut s'en attribuer l'exercice.

ART. II.

La France est une République.

ART. III.

Le suffrage est direct et universel.

ART. IV.

Le peuple français délègue le pouvoir legislatif à une Assemblée unique et le pouvoir exécutif à un Président.

Voilà toute la Constitution;
Le reste n'est qu'accompagnement.

Je reprends :

I.

FRONTISPICE.

J'ai tout d'abord proposé de mettre au frontispice : *En présence de Dieu et au nom du peuple français*, parce qu'il me paraissait beau d'unir, dans cet acte solennel, le ciel à la terre. Qu'y a-t-il de plus grand que Dieu et le peuple? Si le peuple est souverain sur la terre, c'est par la volonté du Dieu du ciel, le maître des hommes et des choses.

Je passe aux fondements positifs de la Constitution sans m'arrêter au Préambule et à la Déclaration des droits qui ne sont que des formules philosophiques.

II.

SOUVERAINETÉ.

Il ne peut pas y avoir, il n'y a pas deux souverainetés politiques.

Le peuple est souverain , ou il n'existe pas.

Il n'y a pas encore de peuple en Chine , en Turquie, en Russie, il y a des masses.

Il n'y avait pas de peuple français avant 89.

Le peuple est le tout, le grand tout.

C'est pourquoi je proposai de dire :

« La souveraineté réside dans l'universalité des citoyens français.

» Elle est inaliénable et imprescriptible.

» Aucun individu, aucune fraction de peuple ne peut s'en attribuer l'exercice. »

C'est par où doit commencer toute Constitution, ici et ailleurs.

La souveraineté réside sur la tête de chaque citoyen par égale portion, et la souveraineté nationale ou collective n'est que la résultante de chaque souveraineté individuelle.

Elle est *inaliénable :* car du moment où elle se transporterait sur une tête de roi, d'empereur, ou de consul inamovible, elle aurait vécu.

Elle est *imprescriptible.* Ceci répond à la prétendue prescription des quatorze siècles d'usurpation traditionnelle et flagrante.

« *Aucun individu, aucune fraction du peuple* » *ne peut s'en attribuer l'exercice.* »

Aucun individu, cela veut dire qu'aucun roi ne peut s'attribuer l'exercice de la souveraineté.

Aucune fraction du peuple. Cela veut dire

qu'aucune ville, Lyon, Marseille, Paris, aucun département, plusieurs départements, tout ce qui n'est pas l'universalité des citoyens du pays, ne peut s'attribuer ni exercer la souveraineté.

Soit *un seul* ou *plusieurs*, soit tous ceux qui ne gouvernent point *de par* le peuple, sont des despotes.

Doit-on leur obéir? Non.

Doit-on les renverser? Oui.

C'est la conséquence de notre principe.

En d'autres termes :

L'insurrection est-elle un crime ou un devoir?

Résumons :

Un crime, oui, contre la souveraineté du peuple; un devoir, oui, contre son usurpation.

La souveraineté, c'est l'universalité; le suffrage, c'est la majorité; la délibération, c'est la pluralité; le commandement, c'est l'unité.

L'universalité des citoyens est la souveraineté abstraite ; le suffrage est la souveraineté vivante.

Il me semble voir la souveraineté du peuple, la plus grande figure idéale de nos temps modernes.

Elle porte dans sa main le suffrage universel, tandis que la République se déroule dans les plis de son manteau.

III.

RÉPUBLIQUE.

Il y a dix-sept ans que, expliquant mes théories dans un écrit public, je les résumais déductivement ainsi :

Pour principe, la souveraineté du peuple.

Pour moyen, le suffrage universel.

Pour but, la République.

Or, ce n'était plus dans un livre, c'était dans les pages d'une Constitution positive, que j'avais aujourd'hui à les appliquer.

J'écrivis : « *La République française* est *dé-* » *mocratique*, *une* et *indivisible*[1]. »

Toutes ces expressions doivent être pesées. Il faut s'expliquer d'abord sur la République actuelle.

On a dit qu'elle n'avait été qu'une surprise. Je n'eusse pas été fidèle à mes précédents, si, ayant blâmé les députés de 1830 dont j'étais collègue, et dont je ne fus pas complice, d'avoir acclamé l'héréditariat de juillet sans consulter préalablement le pays, j'eusse approuvé l'acclamation de la République februaire sans avoir consulté la France. Et ce n'est pas une raison suffisante, j'en conviens, de ce que je voulais la République, pour que les autres en voulussent comme moi, et, pour qu'ayant autant de droit que moi à la vouloir ou ne la vouloir pas, ils ne fussent pas mis en possession de le

[1] Voir la Constitution, art. 11.

dire. Mais qu'on n'oublie pas que le commissariat provisoire de février gouvernait un pays où les choses ne se passent jamais autrement, sous aucun régime. C'est la faute un peu de tous, c'est notre tempérament. Qu'y voulez-vous faire? On change les lois et les constitutions, on ne change pas les tempéraments des peuples.

Nous nous portons toujours en France de nos personnes et de nos acclamations, non pas en arrière mais en avant, bien en avant du présent que nous avons déjà dévoré lorsque nous le tenons.

Louis XVI, ramené de Versailles par le peuple, n'avait pas encore touché les barrières de Paris, que sa mort était déjà résolue. Le conseil des Cinq-Cents n'avait pas sauté avec son dernier législateur par les fenêtres de l'Orangerie, que le Consulat était prêt. Napoléon n'avait pas abdiqué, que le sénat-*conservateur* fabriquait une Constitution nouvelle, et cette Constitution n'était pas promulguée que le comte d'Artois entrait aux Tuileries pour la défaire. Charles X n'avait pas achevé sa partie de whist à Saint-Cloud, que la révolution de juillet lui criait aux oreilles : Il est trop tard! La régente n'avait pas franchi avec le comte de Paris les marches hautes du palais Bourbon, que la République gravissait au perron de l'Hôtel-de-ville. Louis XVIII a-t-il consulté la France, lorsqu'il a pris la place de Napoléon? Louis-Philippe a-t-il consulté la France, lorsqu'il a pris la place de Charles X? La duchesse d'Orléans a-t-elle consulté la France, lorsqu'elle demandait à prendre la place de Louis-Philippe? Les insurgés de mai ont-ils consulté la France, lorsqu'ils prononçaient la dissolution de l'Assemblée? Où et quand, et comment, et en quoi, et pour qui, et qui avait-on vu jamais consulter la France? La France elle-même est toujours beaucoup trop pressée pour laisser faire de ces choses-là, et le Gouvernement provisoire, qui ne l'était pas moins, a fait comme les autres, après quelque résistance.

Je n'ai donc pas tort de dire que c'est un peu la faute de tout le monde si nous sommes toujours en avance d'une insurrection, d'une révolution et d'une Constitution.

Ainsi, mettez qu'avant le 4 mai, le Gouvernement provisoire n'avait pu engendrer qu'une république à lui semblable, une république provisoire; pour l'honneur du principe, j'y adhère, c'est le mien.

Heureusement, chose rare, chose inouïe! en proclamant *la République* le 4 mai 1848, nous étions dans le fait et dans le droit.

Le peuple *universel* avait été consulté *au nom de la République*, et la ratification expresse de l'élection se joignait à l'assentiment tacite.

Les députés élus, et ceux qui particulièrement passaient pour royalistes, avaient en toute liberté, dans la séance d'ouverture, et par dix-sept fois, acclamé la République.

Je sais qu'il ne faut pas trop s'arrêter à ces professions de foi lâchées l'épée de l'élection dans les reins, à ces acclamations électriques, à ces expansions d'hommes échauffés qui ne savent plus trop ce qu'ils disent ni ce qu'ils font, ni à toutes ces exagérations de coups de soleil sur la tête et de circonstance. Tout ce que j'ai entendu dans ma vie, de cris républicaux, impériaux, royaux et sociaux, remplirait les vastes espaces de l'air, jusqu'où la vue se peut étendre.

Lorsque nous sommes quelque part rassemblés, l'enthousiasme fond sur nos âmes et nous emporte dans son tourbillon. Aussi, je supplie nos légers Français, dont l'imagination est si vive, mais dont l'esprit est si juste, de ne jamais, au milieu de la bourrasque, se demander que ceci, uniquement que ceci : Où est le droit? où est le droit? Il n'y a pas vingt sortes de droits, comme il y a vingt formes de gouvernements et vingt sortes de prétendants. Il n'y a qu'un seul droit en France et par toute la terre, c'est le droit de *tous* les hommes, c'est la souveraineté du Peuple.

Que d'autres aient donc acclamé la République par peur, par nécessité, par entraînement, qu'ils s'en repentent, qu'ils ne s'en repentent pas, que nous importe ! L'avons-nous fait, nous, par raisonnement et par conviction, par observation et par prévoyance, pour nous conformer au progrès du temps, à la vérité du droit, à la volonté du peuple, à l'intérêt du pays? — Oui.

Certes, ce n'est pas moi qui, dans le siècle d'égoïsme où nous vivons, ne respecterai point, n'honorerai point les grands sentiments de fidélité et d'affection des royalistes des deux branches.

C'est déjà assez fâcheux qu'on ne s'entende

pas, entre Français, sur le principe du gouvernement, pour que du moins l'on ne cherche pas à se combattre sans s'injurier.

J'irai plus loin, je dirai que notre cause est tant excellente, que, bon gré mal gré, tout le monde l'a servie et qu'il ne faut être injuste envers personne.

Chaque monarchie depuis cinquante ans, poussée par la force de l'opinion, a fait un pas d'avant.

L'Empire a maintenu par son unité l'indépendance de la France, et par la vigueur de son génie, l'ordre vigilant de la justice, de la police et de l'administration.

La Restauration a relevé la tribune, octroyé une demi-presse et garanti les intérêts nouveaux.

La monarchie de Louis-Philippe a brisé la légitimité, aboli la censure, agrandi le cercle électoral, ouvert, labouré et ensemencé les terres de la République.

Faisons halte un moment, et que la Constitution de 1848 soit pour nous comme l'hôtellerie où se reposent, avant de se remettre en route, les voyageurs fatigués.

Pourquoi ne pas reconnaître et dire la vérité? Nous avons eu trop de foi, nous, de l'opposition, et vous, du ministère, nous pauvres hères, et vous hommes supérieurs, aux solutions menteuses et au mécanisme impossible du Régime constitutionnel.

Pourtant, quel admirable accord, nous disait-on sous la Restauration, que celui de l'hérédité et de la liberté! Quel admirable accord! essayez et vous verrez! Nous ne pouvons pas dire que, malgré l'essai, ça ait parfaitement réussi.

Et puis, on nous a répété au commencement de Juillet, et je crois que c'étaient les mêmes, quoique ce ne fût plus pour les mêmes: Quel admirable accord! Essayez plutôt et vous verrez! Et nous disions, nous : Eh bien, puisqu'ils le veulent absolument, essayons un peu pour voir, et nous avons essayé; mais qu'avons-nous vu?

Et voilà qu'on se reprend à nous redire: Quel admirable accord! essayez! Ah, c'est par trop fort, aussi!

Allons donc au fond des choses, et que ce ne soit pas tous les jours à recommencer! La faute n'est pas de s'être trompé, puisque tout le monde se trompe: la faute est de se retromper.

Avouons-le, il n'y a de gouvernements élémentaires que le gouvernement absolu et le gouvernement républicain.

Les gouvernements de Louis XVIII, de Charles X et de Louis-Philippe n'ont pas péri si vite et si en entier, parce qu'on s'y est pris plus ou moins mal pour les défendre, avec des héroïsmes de courtisans, des parleurs de chambre et de la mitraille; mais parce qu'il y a une incompatibilité absolue entre des gouvernements héréditaires et monarchiques, et l'institution d'un parlement universel et d'une presse libre.

S'ils ont duré un peu, ces gouvernements, c'est par leurs exceptions, c'est par leurs mauvais côtés, c'est à l'aide de la censure, d'une pénalité exorbitante, d'une pairie enfournée, d'une représentation corrompue et d'un haut cens d'électorat et d'éligibilité.

Mais tout cela n'était que la fiction et non la vérité du gouvernement représentatif. Mais tout cela même n'a retardé que de quelques jours la chute inévitable de ces trois monarques et de ces trois monarchies.

Si l'Angleterre, si tristement imitée par toute l'Europe, vit encore, et elle mourra, c'est qu'elle est une sorte de quasi-république, plutôt qu'une monarchie.

Si, malgré ses effroyables guerres, Napoléon a pu vivre quinze ans, c'est qu'il a vécu avec un sénat muet, avec une chambre muette, avec une presse muette, avec un conseil d'État muet.

Serait-ce donc — je m'arrête misanthropiquement sur cette réflexion incidente — serait-ce donc que notre progressive humanité, si fière des triomphes de sa raison, en soit réduite à ne pouvoir jamais choisir qu'entre un gouvernement de muets et un gouvernement de bavards?

Il y a pourtant des gens qu'on appelle politiques, et qui ont du cœur, et qui ont de l'esprit, et qui ont de l'imagination, et qui n'ont pas de sagesse, et qui rêvent encore des restaurations de Légitimités, de Régences et d'Empires avec des libertés monarchiques, après ce qu'on a fait en deux tours de main, de vos libertés monarchiques et de vous!

Mais vous êtes donc, me permettez-vous de vous le dire avec tous les ménagements possibles, mais vous êtes donc fous!

Comment, vous ne voyez point que toute monarchie représentative est si faible et si impotente de soi? Elle n'est qu'un démembrement de la monarchie absolue. Elle n'est qu'une faveur involontaire du prince. Il ne sort de son pouvoir inclusif, il ne met le pied sur le terrain constitutionnel, qu'avec un esprit de retour; il ne concède que pour retirer; il ne rassure la liberté qu'en diminuant sa prérogative; il ne lutte sans cesse que pour être sans cesse vaincu; il ne va à la mort que pour périr!

Toute charte ou octroyée, ou consentie, ou imposée, n'est qu'un pont jeté sur le torrent de la révolution et qui mène à la république. Toute monarchie constitutionnelle, en un mot, n'est qu'un gouvernement inquiet, orageux, disputeur, controversé, traversé, renversé.

Il n'y a pas un monarque absolu ou constitutionnel qui ne se dise *légitime*.

Légitimité des rois et souveraineté du peuple, voilà les deux termes contradictoires et inconciliables de la question.

La souveraineté du peuple brille comme tout ce qui est vrai, par sa clarté, par sa simplicité et par son unité.

Mais la légitimité est ce qu'il y a de plus multiple et de plus confus.

Partout en Europe et successivement, l'histoire des prétendances n'est que l'histoire des troubles et des malheurs de chaque pays.

Je demande aux trois quarts des hommes politiques de la Chambre, s'ils pourraient tout de suite, eux qui savent tout, me dire qui était légitime de Marie ou d'Élisabeth, des Stuarts ou du Hollandais, de Mustapha ou de Sélim, de don Miguel ou de dona Maria, de don Carlos ou d'Isabelle? Comment, en France, le monarque légitime est-il un garçon, et en Espagne, en Portugal, en Suède, en Russie, en Angleterre, une fille? Quelle est l'autorité obligatoire de la loi salique, après quatorze cents ans? A quels caractères reconnaît-on et qui me définira l'antique, le prescriptible, le légitime, l'exclusif, le dominant, le traditionnel? Où est le fait, quand il y a plusieurs faits? Où est le peuple, quand il n'y avait pas de peuple? Où est le droit, quand il n'y avait pas de droit? Pourquoi Louis XVIII disait-il qu'il tenait son sceptre de Dieu, et le disant, comment le prouvait-il? Pourquoi disait-il aussi qu'il le tenait de ses ancêtres, et de qui le tenaient ses ancêtres? Comment le prouvait-il? et quand même il l'eût prouvé, quel est, me le pourriez-vous dire, quel est le roi *vrai* de Henri V qui prétend régner sans suffrages, du comte de Paris, héritier de Louis-Philippe qui en avait eu 221, ou de Louis Bonaparte, héritier de Napoléon qui en avait eu 2 ou 3 millions?

Puis, si la volonté du peuple français n'est pour rien dans l'affaire, si la légitimité pure, archipure et sans tache doit triompher, la lignée espagnole de Louis XIV ne prendrait-elle point le pas directement sur la lignée collatérale d'Orléans, et n'aurions-nous point un jour à nous réjouir d'avoir quelque don Carlos pour roi de France et de Navarre?

Et les voilà toutes ces prétendances, en grande dispute et qui ne s'entendront jamais! Et ce sera nous, peuple misérable et imbécile, qui paierons leurs illustres querelles de notre sang, de notre or et de notre repos!

Qui trancherait, d'ailleurs, tous ces nœuds de succession et toutes ces questions de préférence? Si c'est le droit, qui dira le droit? Si c'est l'épée, qui la tirera du fourreau? Si c'est l'Assemblée, laquelle? Si c'est le peuple, il est donc souverain!

Oui, le peuple est souverain, et il n'y a que lui qui le soit, et personne n'a à le lui apprendre. Est-il donc nécessaire d'avoir tant étudié dans les livres et d'avoir si longtemps gouverné les États, pour en savoir moins là-dessus que le peuple, et pour ne pas voir en plein jour ce qui est plus clair que le jour?

Après avoir examiné ce que la monarchie constitutionnelle est en soi et ce qu'elle devient fatalement au bout de très-peu de temps, on est forcé de convenir que le plus révolutionnaire de tous les souhaits est le souhait de son retour, et que la plus anarchique des entreprises est l'entreprise de sa restauration.

Je mets au défi de réintégrer en France une Monarchie qui ne donnerait pas le gouvernement des Chambres et la liberté de la Presse; et je mets au défi une Monarchie qui donnerait le parlement et la presse, de durer plus de trente-six mois.

Il n'y a que la République, parce qu'elle est le droit, parce qu'elle est la vérité même, qui se laisse et se puisse impunément discuter.

La question ne se posera plus désormais en Europe, dans les grands gouvernements, qu'entre la Monarchie absolue et la République.

Voilà les deux termes de la question, et vous n'en sortirez pas!

On a demandé pourquoi nous avions ajouté le mot de *démocratique* à celui de République *française*[1].

Est-ce que *République* et démocratie ne sont pas synonymes!

Ailleurs, oui, mais en France où l'amour de la domination est le tourment singulier de nos âmes et où il y a de l'aristocratie à sa manière dans chaque village, il fallait bien mettre la démocratie dans la Constitution, pour qu'elle fût quelque part! c'était à titre d'invitation.

J'ai écrit: la République est *une et indivisible.*

L'unité et l'indivisibilité de la République se

[1] Voir le Préambule, art. II.

lient aux art. 20, 34, 43, 51, 76, 101, 102, 107, 109 et 110[1].

Nous avons voulu exprimer par là que la République *française* n'était pas, comme la République *américaine*, une république *fédérale*, mais une république *unitaire*.

J'ai écrit aussi : « La République a pour » principes : la liberté, l'égalité et la frater» nité[2]. »

On n'aurait pas eu besoin d'écrire cela, je l'avoue, dans la Constitution d'un autre pays. Mais en France !

Hélas ! la triple et célèbre devise chrétienne n'a de sens qu'au front des églises et de sanction qu'au pied des autels dans la poudre commune où nous nous inclinons !

Tout n'est que poudre et poussière dans notre histoire, dans nos gouvernements et dans nos principes.

[1] Voir le Préambule.

[2] Voir le Préambule, art. IV.

Qui nous relèvera de nos défaillances et de nos ruines? Les cœurs fermes et les bras forts qui sont avec le peuple et avec Dieu.

Tout s'en va, tout meurt, excepté ce qui ne meurt pas, le peuple.

Tout s'en va, tout meurt, excepté ce qui ne meurt pas, Dieu.

Il n'y a plus de politiques vraies et possibles que des politiques républicaines.

Il n'y a plus de sociétés vraies et possibles que des sociétés chrétiennes.

Si par malheur, si par la faute surtout des classes officielles et prépondérantes, nous allons à l'anarchie, si nous y glissons, si nous y touchons, et si de l'anarchie nous devons être violemment ramenés sous le joug du despotisme, je ne forme qu'un vœu, je ne suis sûr que d'une chose, c'est que c'est le Christianisme seul qui, pour la seconde fois, après dix-huit cents ans, sauvera les libertés du monde.

Mais poursuivons :

La reconnaissance de la Souveraineté du peuple et la déclaration de la République ne sont que des expressions de droits et de théories : c'est dans l'établissement des Pouvoirs que réside, par voie de conséquence, la Constitution en exercice.

IV.

INSTITUTION DES POUVOIRS.

J'ai écrit, mot pour mot, le troisième chapitre de la Constitution qui ne se compose que des art. 18 et 19.

« Art. 18. Tous les pouvoirs *publics*, *quels » qu'ils soient*, émanent du *peuple*.

» Ils ne peuvent être *délégués héréditairement*. »

On pourrait prétendre que les pouvoirs ne peuvent émaner que du souverain, et que comme il n'y a pas d'autre souverain que le

3.

peuple, il semblait inutile de dire que tous les pouvoirs émanaient du peuple. Cela allait de soi.

C'est vrai, j'en conviens; mais comme les rois précédents n'en convenaient pas, comme le dernier roi excipait plutôt du vœu que de la volonté du peuple, ce qui n'était pas tout à fait la même chose, comme il s'était mis à le gouverner sans le consulter préalablement et sans prendre ses ordres, j'entaillai dans l'art. 18 cette incise : « Les pouvoirs publics, *quels qu'ils soient*, c'est-à-dire le chef du Gouvernement aussi bien que la Chambre et le reste.

Cet art. 18 se combine avec l'art. 20 qui délègue le *pouvoir* législatif à une *Assemblée*, et avec l'art. 43, qui délègue le *pouvoir* exécutif à un *Président*, et ce n'est pas sans une intention corrélative que dans les trois articles, le 18, le 20 et le 43, j'ai employé le mot *pouvoir*.

Ce n'est pas non plus sans une intention très-arrêtée, que j'ai écrit :

« Ils ne peuvent être *délégués héréditaire-*
» *ment.* »

Je me suis servi à dessein du mot de *délégués* dans l'art. 18, dans l'art. 20 et dans l'article 43, qu'il faut rattacher à l'art. 1er, lequel reconnaît la souveraineté du peuple, d'où tous les pouvoirs découlent, comme d'une source commune.

Si la souveraineté pouvait se déléguer, elle s'aliénerait ; or, elle est inaliénable et imprescriptible.

La nation ne délègue donc *jamais* sa *souveraineté* qui est sa vie et son être.

Elle ne délègue que ses *pouvoirs* qui sont le *mode* de son être, et elle ne les délègue qu'*à temps*.

C'est ce que j'ai tâché à exprimer en disant qu'ils ne pouvaient être délégués *héréditairement*.

J'appuie sur ce mot *héréditairement*.

Là est le vrai point du débat entre la Monarchie et la République.

Il n'y a point de monarchie sans hérédité. Il n'y a pas d'hérédité possible avec la souveraineté du peuple : l'hérédité c'est ce qui a vécu ; la souveraineté du peuple, ce n'est pas ce qui a existé, c'est ce qui existe. C'est la majesté vivante des nations libres.

Dès que les pouvoirs ne peuvent être délégués *héréditairement*, nous sommes en République, et notre Constitution ne se composât-elle que de l'art. 1er et du second paragraphe de l'art. 18, la Révolution serait accomplie.

Mais il ne suffisait pas d'avoir établi l'origine et le caractère des pouvoirs, il fallait encore prononcer leur séparation.

Je proposai donc l'art. 19, ainsi conçu :

« Art. 19. La *séparation* des pouvoirs est la

» première condition d'un gouvernement li-
» bre. »

Il n'y a que le despote qui soit à la fois le conseiller et l'exécuteur, le maître et le valet, le juge et le bourreau, quelquefois le Dieu.

Sa maison est à la fois un palais, un sénat, un tribunal, un lupanar, un lieu de torture, un théâtre, un temple, un trésor, une caserne.

Plus les pouvoirs se confondent sur la même tête, plus on s'approche de la tyrannie. Plus les pouvoirs se divisent, sans s'affaiblir, et plus les résistances de la liberté compensent les envahissements de l'autorité.

Les pouvoirs législatif, exécutif et judiciaire se tiennent en équilibre sous l'œil nocturne et diurne de la presse.

Le premier légifère, le second gouverne, le troisième juge.

Ils se jalousent, c'est ce qu'il faut; ils se

disputent, tant mieux; s'ils crient, c'est qu'ils ne sont pas morts, et s'ils ne sont pas morts, c'est que nos libertés vivent!

Il faut seulement que, s'ils se battent, ils le fassent de manière que leur bruit nous avertisse, mais non pas de manière qu'ils se tuent.

Et c'est là le difficile.

Mais la presse y peut beaucoup. Elle y peut d'autant plus qu'elle sera plus libre.

Prenez bien garde que j'ai dit la *séparation* des pouvoirs : sous la monarchie constitutionnelle, j'aurais dit : l'*hostilité* des pouvoirs est la première condition du Gouvernement.

Car entre des pouvoirs venus de sources différentes, il y a *hostilité*, tandis qu'il n'y a que *séparation* entre pouvoirs émanés de la même source, du peuple.

En abordant cette organisation individuelle des pouvoirs *séparés*, j'hésitai sur la place que je leur devais donner.

A mon sens, il fallait d'abord constituer

l'*exécutif*, car on peut, à toute force, dans un vieux pays déjà régi et travaillé par des milliers de lois et de polices, se passer pour un bon temps du corps machinal qui fabrique les polices et les lois; mais comment se passer un seul jour de gouvernement? Il en faut toujours un, ne fût-ce que pour qu'il y en ait de plus en plus, moins.

Mais allez proposer à un corps de législateurs français, de ne pas se mettre les premiers en évidence et hors ligne!

On n'admit donc pas, je m'y attendais, mon ordre de bataille, et je fis volte-face. Je campai *mon* législatif sur le devant de la rampe.

L'essentiel était que les deux Pouvoirs, issus de la même mère, ne se fissent pas trop fraternellement la grimace.

C'est pourquoi nous les divisâmes, à la très-grande différence de l'ancienne Charte qui les avait réunis, pour constituer le gouvernement parlementaire sous un roi irresponsable.

Et j'accommodai ma rédaction de façon que ce fût le peuple, non pas le peuple de Paris, de Nantes ou de Strasbourg, le premier peuple venu, mais le peuple universel, le peuple souverain, le peuple *français*, pour tout dire, qui déléguât quoi? — Sa souveraineté? — Non. — Quoi donc? — Son *pouvoir*. — Tout son pouvoir? — Non. Son pouvoir *législatif* à une Assemblée unique, et son pouvoir *exécutif* à un Président.

Ainsi, l'Assemblée nationale n'est donc, telle que nous l'avons voulu faire et telle que nous l'avons faite, que l'*un* des *trois* pouvoirs, qu'un pouvoir spécial, qu'un pouvoir séparé, qu'un pouvoir défini, qu'un pouvoir limité, qu'un pouvoir collatéral, qu'un pouvoir subordonné au peuple, son maître. Elle n'est pas souveraine, car, si elle l'était, elle pourrait changer la Constitution, tandis qu'elle doit lui obéir. Elle ne peut se mettre ni au-dessus du pouvoir *exécutif*, ni au-dessus du pouvoir *judiciaire*, et elle doit s'observer et se surveiller sans cesse elle-même, de peur de se laisser emporter par les vivacités de son tempérament, au delà de sa sphère et de ses limites.

Dès la première ligne de cet art. 20, surgit dans le sein de notre Commission, l'une des plus grosses questions du pouvoir législatif.

Aurait-on une ou deux Chambres?

Longtemps avant, j'avais débattu cette thèse contre mes amis Lafayette et Armand Carrel, épris tous deux des formes américaines.

Mais le sénat américain participe du pouvoir exécutif! Mais il est l'un des rouages d'un système fédéral! Mais la France, par position, par génie, par besoin, par habitude, par instinct et par réflexion, est unitaire! Mais les secondes Chambres ne représentent naturellement que les priviléges aristocratiques! Mais si elles sont nommées par les mêmes électeurs, à quoi bon deux Chambres? Mais si elles sont nommées avec des conditions différentes de fortune, d'âge, de domicile, de dignité, de nombre, d'attribution, à quoi bon ces différences? Mais si le pouvoir peut les nommer, de quel poids pèseront-elles dans les balances de la législature? Mais si le pouvoir peut les dissoudre, quelle sera leur indépendance, et quel sera leur crédit? Mais s'il ne peut pas les dissoudre, n'est-ce pas assez qu'il y en ait déjà une d'indissoluble? Mais ne serait-ce pas un refuge ouvert aux résistances arriérées et aux oppositions sourdes, futiles, tracassières? Mais, en cas d'insurrection, ne serait-ce pas un point d'appui pour des éclats d'ambition ou pour des restaurations de prétendances? Mais n'ont-elles pas pris si peu de racines dans le pays, après plus de trente ans de semis et d'horticulture, que l'orage les a déracinées du premier coup et balayées comme une poussière? Mais peut-il y avoir place à de secondes Chambres qui ne représentent ni la royauté, ni l'aristocratie, ni le gouvernement, ni l'agriculture, ni le commerce, ni les lettres, ni les sciences, ni les beaux-arts, ni le peuple, ni la bourgeoisie, et qui n'ont à faire valoir, soit pour le passé ou pour l'avenir, ni mémoire, ni services, ni grandeur, ni indépendance, ni rien de ce qui ferme glorieusement les ères anciennes, ni rien de ce qui ouvre heureusement les ères nouvelles, rien de ce qui fait espérer, rien de ce qui fortifie, rien de ce qui rassure et rien de ce qui console!

Par tous ces motifs que j'abrége, et des meilleurs j'en laisse, je proposai tout net l'unité du Corps législatif : j'étais appuyé sur l'opinion publique, et cette proposition passa devant la commission de Constitution, dans la délégation des Bureaux et dans l'Assemblée.

Ce mécanisme d'un pouvoir législatif à deux Chambres périra en Europe et en Amérique. Il n'a pas de raison d'être.

Ceci dit, je rétablis le texte de l'art. 20 tel que je l'ai introduit dans la Constitution.

Art. 20. « Le peuple *français délègue le pou- » voir législatif* à une Assemblée *unique.* »

L'art. 23 donne la *population* pour base à l'élection.

Mon intention, en écrivant dans le décret organique du 5 mars 1848 cet article que je transposai ensuite dans la Constitution, avait été de couper court aux distinctions de l'ancienne Assemblée constituante sur la masse de la population, la masse des contributions et la masse topographique. On ne représente pas de l'argile, des écus et de l'espace; on représente l'homme, l'homme seul. Voilà ce que je voulais dire en proposant l'art. 23, tel qu'il est écrit.

L'art. 24, sur le suffrage universel, qui vient après celui-ci et que j'avais commencé par inscrire également dans le décret du 5 mars, est le pivot de la Constitution.

Dès les premiers temps de juillet, je n'ai cessé de poursuivre la réalisation du suffrage universel. J'ai été traité d'homme absurde, et pourtant j'étais dans la vérité même. J'ai été traité d'homme inapplicable, et de tous les modes d'élection, l'élection universelle par commune est la seule qui réunisse l'indépendance de l'individu à la majesté du peuple, qui réponde le mieux au droit, qui dérange le moins les artisans et les paysans, et qui soit le plus compatible avec l'ordre.

Rien de plus merveilleux, en effet, que le calme, la dignité, la régularité, la facilité, la promptitude avec lesquels le suffrage universel fait sa fonction.

Les bureaux sont multipliés, les urnes prêtes, les billets faits d'avance. Chacun se présente, dépose son bulletin et sort. Et, chose admirable! l'opération ne serait pas plus longue pour cent millions de citoyens que pour douze millions.

Plutôt que de voter sur des noms, s'agirait-il de voter sur des principes, même régularité, même facilité, même célérité.

Par exemple, acceptez-vous telle constitution ou telle grande mesure? On écrirait tout simplement sur son billet, oui ou non.

Mais comme à tout droit correspond un devoir, si vous n'exercez pas votre droit de suffrage, vous manquez au devoir de l'exercer, et vous serez puni.

Donc, quiconque, sans excuse suffisante, n'aurait pas voté, devrait être puni d'une amende.

Mais nous ne comprenons pas encore que l'électorat, au lieu d'être un privilége, est un droit, et que tout droit engendre un devoir!

Sous l'empire de l'art. 24, toute restriction électorale qui n'a point pour motifs l'interdiction judiciaire ou l'infamie pénale, fausse l'esprit et la lettre du suffrage universel.

Cela est si clair que je ne conçois pas qu'on ait pu barbouiller tant d'encre et de paroles à y contredire.

Si la nation ne peut abdiquer son droit de suffrage, comment le citoyen, qui est membre intégrant de la nation, pourrait-il abdiquer le sien ? Si vous ne pouvez ôter son droit au tout, comment pourriez-vous l'ôter à la partie? Si la souveraineté nationale est inaliénable et imprescriptible, comment la souveraineté individuelle, d'où la nationale procède, serait-elle aliénable et prescriptible? Si je suis travailleur et honnête, et que je ne puisse, à mon grand regret, avoir un domicile fixe, c'est que je suis pauvre, et si vous m'ôtez mon droit parce que je suis pauvre, alors il faut logiquement rétablir le cens!

Ce n'est pas sans dessein que j'ai ajouté au mot *universel* le mot *direct.*

Un suffrage *universel* qui serait *indirect,* c'est

l'électeur *primaire* de la commune, nommant l'électeur *secondaire* de l'arrondissement, qui nommerait l'électeur *tertiaire* du département, qui nommerait le député.

Avec le suffrage universel *indirect*, c'est-à-dire à *plusieurs degrés*, nous arriverions tout droit au despotisme russe.

J'ai proposé le vote *direct* pour conserver l'égalité du vote de chaque citoyen.

Je donnerais tout le reste de la Constitution pour cette seule ligne :

« Le suffrage est direct et universel. »

Cet article, qui implique la souveraineté du peuple, est à lui seul toute une Constitution.

Qui sait si un jour ne viendra pas où, pour tout abréger sans rien omettre, l'on réduira la nôtre à cette seule ligne ?

J'ai cru devoir ajouter que le scrutin serait *secret*.

Le scrutin public éloignerait les électeurs et opprimerait les consciences.

Le scrutin secret est l'acte le plus religieux de notre vie civile.

C'est dans la conscience de l'homme que Dieu a déposé la souveraineté. C'est à la conscience de l'homme que la loi demande son vote.

Tout est donc profondément religieux dans cette opération.

J'ai une si haute idée du vote, que je voudrais qu'il fût possible d'aller le recueillir au bord de chaque foyer solitaire ; que toute excitation collective, par parole ou par écrit, fût interdite, et que toute élection où leur trace se ferait voir, fût annulée.

Après avoir organisé le pouvoir législatif, il fallait constituer le pouvoir exécutif.

J'ai proposé la même rédaction pour l'article 43 que pour l'art. 20, et l'on n'a pas assez fait d'attention à cette identité de termes. Est-ce que, d'ailleurs, dans ce pays-ci, on fait la moindre attention à rien? et combien y a-t-il de personnages officiels qui aient lu la Constitution? Il leur suffit apparemment de la pratiquer!

L'art. 20 *délègue* le pouvoir législatif à une Assemblée. Pareillement, l'art. 43 *délègue* le pouvoir *exécutif* à un Président.

Nous avons voulu placer les deux pouvoirs exactement sur la même ligne.

Tous deux sont des pouvoirs *publics* [1].

Tous deux émanent de la *souveraineté du peuple* [2].

Tous deux ne peuvent être délégués *héréditairement* [3].

A qui ce pouvoir exécutif est-il délégué? Est-ce à un *roi*, à un *empereur*, à un chef *perma-*

[1] Art. 18.

[2] Art. 1er.

[3] Art. 18, § 2.

nent, quelle que soit son appellation? Non, c'est à un chef *temporaire*, et c'est par *délégation*. — De qui? Du peuple. — De quel peuple? Du peuple *français*. — A qui? A un citoyen.

Entendez-vous bien ce que cela veut dire : un *citoyen!* Ainsi, ce n'est pas un prince, et si le président actuel est un prince, ce n'est point à cause qu'il était prince que le peuple l'a nommé, mais à cause qu'il était le neveu et l'héritier et le porteur du nom glorieux de Napoléon, de cet homme que le peuple français regarde comme faisant partie des siens, comme passant pour être un homme du peuple et comme l'étant, en effet, en comparaison des anciennes races royales.

Si le peuple français avait élu le Président parce qu'il était prince, et non parce qu'il se nommait Napoléon, alors il ne faut pas le proroger comme Président, il faut nettement restaurer l'Empire!

J'ai toujours assez mal compris comment

quelques républicains s'imaginaient pouvoir affermir bien mieux la République en transférant dans l'Assemblée tout le pouvoir exécutif, qu'en l'attribuant à un Président.

Je ne dirai pas que la concentration des deux pouvoirs législatif et exécutif dans les mains de sept cent cinquante personnes inviolables et irresponsables, amènerait bientôt une telle confusion de règles, que le bon ordre de l'administration en serait troublé; un tel flux et reflux de compétences, que le pouvoir judiciaire serait tué de leur choc; une telle tyrannie, que les citoyens chercheraient bientôt de tous côtés, avec des yeux éperdus, sans pouvoir le rencontrer, quelque refuge pour la liberté; un tel ébranlement des forces politiques, administratives et sociales, que la République croulerait au milieu de leurs ruines.

Je ne m'arrête qu'à deux considérations décisives : l'une qui touche à la sûreté de la minorité parlementaire, l'autre qui intéresse l'établissement de notre jeune République.

Ne voit-on pas que, nommés par la majorité de l'Assemblée, les agents exécutifs ne seraient bientôt plus que l'organe impérieux de ses volontés, que l'instrument de ses supplices et que le valet de ce bourreau?

Je ne veux qu'un exemple : s'imagine-t-on que, si le majorité eût choisi ses agents d'exécution, les déportés de Belle-Isle n'auraient pas fait voile depuis longtemps pour les rochers brûlants de l'Océanie?

Et secondement, ceux qui veulent l'établissement successif et solidifié de la démocratie, ne voient-ils donc pas que le passage de la royauté à la République n'est pas brisé aux yeux de ses partisans, par l'omnipotence d'une Assemblée unique? Ce n'est là pour eux qu'un fait accidentel et révolutionnaire. Des Comités de salut public, des Directoires collectifs, des Agences exécutives ne rompent pas non plus la continuité. Mais la solution de continuité existe réellement dans l'institution d'un seul Président, et surtout dans l'élection. Le fait saillant, le fait distinctif, le fait interruptif, le fait essentiellement républicain, c'est l'élection, c'est la temporanéité. C'est ce caractère qu'il fallait faire ressortir, et je maintiens que, conformément à cette théorie fondamentale, je devais serrer entre eux, déduire l'un de l'autre, fortifier l'un par l'autre, les art. 18, 19, 20 et 43 que j'ai proposés.

Ne vous y trompez pas : le peuple tient beaucoup plus à l'élection du Président qu'à celle des députés. Est-ce que c'est sur l'élection de la Chambre future que se portent aujourd'hui tout l'effort, tout l'intérêt, toute l'appréhension, toute l'anxiété du pays? Pas du tout, c'est sur la nomination du Président.

Avec des députés, même annuels, vous pouvez avoir une Monarchie, pas bien longtemps, il est vrai; mais avec un Président temporaire, vous ne pouvez avoir qu'une République.

Et vous demandez laquelle de ces deux élections, le peuple préfère?

Je n'avais donc pas tant de tort de vouloir que l'on organisât avant tout le pouvoir exécutif.

C'est là le véritable terrain que se disputent les partis.

C'est aussi le plus confus de tous les chapitres de la Constitution. On y voit lutter, à chaque article presque, le système américain de la responsabilité présidentielle, et le système de l'irresponsabilité monarchique.

D'un côté, obsédés par la routine et faibles sur la pente qui les entraîne vers la domination, les meneurs de la Chambre actuelle ont complaisamment interprété dans le sens de la gouvernocratie parlementaire les questions douteuses de pouvoir.

Et, d'un autre côté, poussant plus loin cette interprétation, plusieurs républicains du dehors et des plus sincères, non-seulement veulent subordonner le pouvoir exécutif au pouvoir législatif, mais encore ils demandent que le pouvoir exécutif soit concentré dans l'Assemblée pour qu'il y ait plus d'unité, disent-ils, unité qui existerait de droit, puisque le pays est un; unité qui, en fait, empêcherait toute collision de pouvoirs, en mettant l'exécution en concordance avec la volonté.

Voilà l'objection dans toute sa simplicité, c'est-à-dire dans toute sa force.

Pour moi, je suis contre l'omnipotence simple qui veut traîner le gouvernement à sa remorque, et contre l'omnipotence renforcée qui veut absorber le gouvernement dans son sein.

L'un et l'autre de ces systèmes me semble contraire à la Constitution et fatal à la liberté. Plutôt vaudrait le Gouvernement direct du peuple, que le Gouvernement d'une Assemblée; car j'aime encore mieux ce qui est impossible que ce qui est odieux.

C'est intuitivement, je l'avoue, plutôt que préméditativement, que nous avons organisé le pouvoir exécutif tel qu'il se comporte dans l'article 43 de la Constitution. Mais la théorie confirme nos prévisions, et l'expérience viendra, je l'espère, de plus en plus, à notre aide.

Le peuple français n'a délégué à l'Assemblée que le pouvoir législatif et il a délégué au Président la plénitude du pouvoir exécutif. L'investissement de l'exécutif et la responsabilité du Président ont changé radicalement le vieil organisme des pouvoirs.

Si j'appuie sur leur séparation tranchée, c'est que le pouvoir législatif d'aujourd'hui n'y veut pas entendre, et que le pouvoir exécutif lui-même comprend très-mal son attribution.

C'est au peuple à contenir vigoureusement le pouvoir exécutif et le pouvoir législatif dans leurs limites et à comprimer les tourments ambitieux de sa double délégation.

Qu'on me laisse dire ici toute ma pensée.

Si vous ne parvenez pas à séparer de plus en plus les attributions et les mouvements des deux pouvoirs, et à substituer graduellement le régime de la liberté individuelle au régime du gouvernement parlementaire, vous n'aurez que des Constitutions avortées et que des Républiques sans vérité, sans adhésion, sans douceur, sans bien-être et sans lendemain.

C'est là la liberté à laquelle nous devrions tendre et prétendre, la véritable liberté, la liberté pratique qui ne demande qu'à vivre tranquille chez elle, et à se satisfaire soi-même sans nuire à autrui. Mais nous n'en sommes pas encore là, et notre nation officielle a tellement besoin de s'agiter, de remplir de sa présence affairée tous les coins et recoins du pays, et de pousser dans tous les sens sa domination sur toute chose, qu'il lui en faut sans cesse varier les formes, et que ne pouvant contenter ses impatiences avec ce qu'elle a, il lui faut aller, venir, tourner, retourner et passer à ce qu'elle n'a pas; en un mot, ne point guérir la maladie qu'on a, mais s'en donner une autre, c'est ce que, dans un certain monde, on appelle aujourd'hui reviser[1].

[1] Les légitimistes, qui veulent que le peuple ratifie, condamnent implicitement le Gouvernement et la Charte *octroyée* de 1814, qui se sont passés du consentement du peuple, et le Gouvernement et la Charte *bâclée* de 1830, qui se sont contentés de la signature de 221 députés sans pouvoirs et sans mandat.

J'ai aussi proposé, en temps et lieu, la ratification du peuple, sans y réussir il est vrai. Ce n'est donc pas moi qui m'opposerais, le cas échéant, à ce que l'on consultât, par la voie du suffrage universel de 1848 et par *oui* ou *non*, la Nation française, sur la question de République et Monarchie. Mais prenez garde qu'il ne s'agirait plus là de Constitution, de Révision, ni d'Assemblée constituante. Nous passerions sur un autre terrain que celui où je me suis placé et où je discute; mais je ne refuserais pas ce nouveau terrain, et je ne crains pas que, sous l'ébranlement de la République, il s'entr'ouvre sous mes pas et qu'il m'engloutisse.

V.

RÉVISION.

La révision ! C'est donc à cette borne fatale que le Parlement et le Gouvernement, tous deux à bout de voies, s'acculent eux-mêmes !

Oui, parce que vous croyez, selon les us de la Monarchie, que la tourmente politique est la plus belle chose du monde, vous ne faites que secouer notre pauvre pays, trop heureux sans doute et trop reposé ! et voilà que, pour lui briser les membres, vous vous mettez à enfourcher l'hippogriffe de la révision !

Certainement, si cet hippogriffe-là déchire

5

bientôt de ses ongles nos campagnes et nos cités, la France n'aura à s'en prendre et ne s'en prendra qu'au Parlement et qu'au Gouvernement qui devaient, qui pouvaient si bien s'entendre pour le bonheur et le salut du pays!

Il ne faut donc pas dire que c'est le pays qui veut la Révision. C'est vous seuls qui lui faites dire qu'il la veut. Mais s'il la voulait, ce ne serait qu'à cause du spectacle de vos divisions intestines et que pour les faire cesser! Alors, que ne les faites-vous cesser vous-mêmes?

Il ne faut pas dire non plus que nous ne trouvons rien à reprendre à notre Constitution! Si, certes; nous en retrancherions volontiers plus des neuf dixièmes et il en resterait encore bien assez! Les meilleures Chartes sont les plus courtes. Nous la bornerions sommairement, comme nous l'avons déjà dit, aux dispositions les plus substantielles et les plus fondamentales qui s'y trouvent déjà et qui sont :

La souveraineté du peuple,
Le suffrage universel,
La République,
L'institution des pouvoirs.

Ajoutez-y, par corollaire et dans autant de lois, de trois lignes chacune, la liberté de la conscience, de la presse, de l'enseignement, des associations, de l'industrie et généralement tout ce qui se trouve dans le terme si absolu et si compréhensif de *liberté individuelle ;* l'universalité sans tache, mais non domiciliaire ni censitaire, du suffrage; l'inérééligibilité pareille, après un double ternaire, du président et des députés; le renouvellement annuel par tiers; le vote par commune; l'élection, non pas départementale, mais nationale des députés réduits; l'abolition de la peine de mort; l'incompatibilité absolue des représentants; la suppression de deux cents millions de dépenses; la réglementation de l'initiative et de la permanence;

la ratification de la Constitution et la définition des cas de l'appel au peuple, comme ceux de guerre, de rejet du budget, de refus absolu de concours et autres cas extrêmes, prévus et définis.

Enfin il ne faut pas dire que nous nous y sommes pris de manière à interdire la Révision. Ayant proposé moi-même ce principe, on sera peut-être curieux de savoir par quels motifs.

J'avais été frappé, en théorie et en fait, de l'absurdité d'une Charte éternelle, la chose de la terre pourtant, si l'on en juge à l'usé, qui a le moins de vie, et je m'étais souventes fois moqué de ces éternités-là.

Mais je me disais : nous pouvons, sans trop de présomption, promettre à notre Charte républicaine une durée à peu près égale à celle des autres Chartes, et il me semblait, ne fût-ce que par esprit de contradiction, qu'on la changerait d'autant moins qu'il serait permis de le faire.

En un mot, je n'aurais voulu ni fermer la porte, ni trop l'entr'ouvrir, mais l'entre-bâiller, afin qu'on ne la forçât point sans un bon coup de genou.

Était-ce sage au commencement d'une révolution et à l'expiration de l'ancienne Charte *éternelle?* Je le crois.

C'est sous l'empire de ces préoccupations que je préparai, sous la réserve implicite de la ratification du peuple, le principe de la Révision.

Mais relisons l'art. 111.

« Lorsque, dans la dernière année d'une lé-
» gislature, l'Assemblée nationale a émis le
» vœu que la Constitution soit modifiée en tout
» ou en partie, il sera procédé à cette révision
» de la manière suivante :

» Le vœu exprimé par l'Assemblée ne sera
» converti en résolution définitive, qu'après
» trois délibérations consécutives, prises cha-

» cune à un mois d'intervalle et aux trois » quarts des suffrages exprimés. Le nombre » des votants devra être de cinq cents au » moins. »

Les cinq rainures qui devaient empêcher la porte d'entrée de tourner trop facilement, sont :

1° Qu'on ne puisse reviser que la dernière année de la législature;

2° Qu'on puisse n'émettre le vœu que d'une révision partielle ;

3° Qu'il n'y ait de résolution définitive qu'après trois délibérations, à un mois d'intervalle ;

4° Qu'il y ait au moins les trois quarts des suffrages exprimés ;

5° Que le nombre des votants soit de cinq cents au moins.

En droit, la Révision est-elle conforme au principe de la souveraineté du peuple ? Oui.

En fait, est-elle admise par la Constitution ? Oui.

Maintenant et dans l'état anarchique des partis parlementaires, une Révision est-elle constitutionnellement possible? Non.

En d'autres termes, aurait-on les trois quarts des voix dans trois délibérations consécutives? Non.

En d'autres termes encore et pour réduire la question plus nettement, la Constitution républicaine de 1848 trouverait-elle pour adversaires plus des *trois quarts* des représentants du peuple? Non.

Supposez, en effet, 750 votants, il suffit pour qu'il n'y ait pas de révision, que la minorité négative monte à 188 voix, à 175 pour 700 votants, à 170 pour 680 votants.

Or, ne se trouvera-t-il pas 188, 175, 170 députés qui voudront, même au prix de ses défauts, garder maintenant la Constitution telle qu'elle est?

Il s'en trouvera plus de deux cents, et le nombre augmentera à la seconde ou à la troisième lecture, par la réunion de l'une des fractions dissidentes de la majorité, à la minorité.

Autres objections :

La Révision étant demandée le premier mois de la troisième année, ne faudra-t-il pas qu'immédiatement après la troisième délibération, l'Assemblée constituante soit convoquée, c'est-à-dire neuf mois avant l'expiration des pouvoirs représentatifs d'aujourd'hui ?

Que si, pour faire leurs trois ans pleins, les députés ne s'en allaient pas, quels respects garderait-on pour une Constitution qui va mourir ? Quelle pression impatiente de l'opinion sur l'Assemblée !

A-t-on eu égard à cette difficulté de circonstance, à cette démission anticipée et forcée du mandat triennal ? N'y a-t-il pas un certain nombre de députés qui, devant ce changement d'état, feront réflexion et retraite ?

Mais est-ce une raison pour soutenir que l'impossibilité d'une révision viole le principe de la souveraineté du peuple? Non, car il y a ici des difficultés sans doute, des difficultés heureuses, mais il n'y a pas d'impossibilité.

Ensuite, il faudrait prouver que la souveraineté du peuple est intéressée à ce que tous les ennemis de la République se coalisent pour renverser la Constitution.

Ce n'est donc pas parce qu'on ne peut pas marcher qu'on ne marche pas, c'est parce qu'on ne veut pas marcher, ou parce qu'on veut marcher dans un autre sens que la Constitution, au rebours peut-être!

Et nous, ce n'est pas, répétons-le, parce que nous ne voyons rien à redire ni à refaire à la Constitution, et tant s'en faut, que nous ne voulons pas la Révision, c'est parce que nous trouverions, *en ce moment-ci*, sans nécessité, sans urgence, et très-périlleux, surtout pour nos adversaires, qu'on y touchât.

Nous aimons mieux vivre avec les inconvénients supportables de la Constitution, que de nous exposer à mourir avec elle dans l'étouffement de la République et dans les convulsions d'une guerre civile qui amènerait une guerre étrangère.

Je n'ajouterai point qu'il ne serait pas possible d'admettre la convocation d'une Assemblée Constituante, sans le rétablissemeut préalable et complet du suffrage universel.

Pas plus que je n'admets la Royauté sans une hérédité mâle ou femelle, sans une aristocratie étagée, sans une cour, sans une liste, sans des élections censitaires, sans une grosse armée, sans un puissant budget, sans un code pénal redoublé, sans une religion d'État, sans une presse censurée ou quasi, et le reste.

Chose remarquable ! les révolutionnaires, qui auraient peut-être plus que d'autres à gagner à une Révision, sont devenus des conservateurs ; et les conservateurs, qui ont tout à y perdre, sont les vrais révolutionnaires d'aujourd'hui !

Et ils ne voient pas que le lendemain de la Révision de la Constitution présente, on demanderait par les mêmes arguments la Révision de la Constitution nouvelle, et ainsi de suite, sans fin ni raison !

Et ils ne s'aperçoivent pas qu'on peut retourner et qu'on retournerait l'objection de la volonté souveraine et quotidiennement changeante du peuple, contre l'hérédité de la famille et de la propriété, contre les concessions emphytéotiques des terres, des maisons, des chemins de fer, contre les longs baux, contre l'inamovibilité des tribunaux, contre la triennalité des députés, contre les règles d'ancienneté pour l'avancement, contre les armistices à longue date, contre les académies, contre les bourses, contre les vœux religieux, contre les traités diplomatiques et contre les contrats civils de toute espèce!

Et ils trouvent apparemment que leurs maisons sont trop solides, et ils les ébranlent à la fois par les combles et par les fondements!

Et ils arrachent violemment de ses ancres le vaisseau de l'État, pour le précipiter dans la tempête!

Et ils empêchent, ils suspendent, ils retiennent, ils compriment, ils engourdissent, ils paralysent par la peur de leurs querelles et de leurs aventures, une recrudescence de biens et de fortune, telle que la France n'aurait jamais rien vu de semblable!

Que doit dire, que doit penser l'Europe de la mobilité et du décousu de nos têtes les plus fortes? L'une est d'avis que tout ira mal si l'on ne restaure Henri; l'autre, si l'on ne couronne un d'Orléans; celle-ci, si l'on ne met pas le Gouvernement dans le Parlement; celle-là, si l'on ne proroge pas le Président; et quelques autres, enfin, si l'on ne nous donne pas un roi quelconque ou un empereur quelconque, un sénat, deux degrés d'élection. Voilà à peu près tout ce que signifie une révision, et encore autre chose; mais je trouve que c'est déjà bien assez et même que c'est beaucoup trop!

Permettez que je m'en tienne tout uniment aux bases suivantes du régime de *mon choix* :

La souveraineté du peuple,
Le suffrage universel et direct,
La République,
La Constitution,
L'Assemblée,
Le Président,
La religion,
La liberté,
La justice,
L'instruction,

Le travail,

Le bien-être,

L'économie.

C'est au peuple à voir si, au lieu d'un régime fondé sur ce magnifique ensemble, il veut se remettre sous le joug ignominieux et plat d'un roi, d'une régence, ou d'un empereur ;

S'il veut abdiquer sa souveraineté, c'est-à-dire sa dignité personnelle, sa grandeur et son être ;

S'il veut essayer pour la troisième ou quatrième fois, d'une chambre des pairs ou d'un sénat ;

S'il veut retâter d'un cens bourgeois, à la place de son suffrage universel, direct, et gratuit ;

S'il veut faire la courte échelle à tous les prétendants qui rampent au trône, en se culbutant les uns les autres ;

S'il ne se fatigue pas de toutes vos intrigues

de salon, de tous vos bavardages de tribune et de tout ce tripotage parlementaire qui n'est que l'envers des anciennes tripoteries d'antichambre et de cour;

S'il ne demande pas à la fin qu'on ait pitié de lui, qu'on le légifère le moins possible, qu'on le réglemente le moins possible, qu'on le tourmente le moins possible, qu'on le laisse à sa charrue, à ses fabriques, à sa boutique, et qu'il n'entende plus parler de tout ce monde-là !

C'est là, oui c'est là le fond des sentiments du peuple français : c'est là ce qu'il répondrait s'il était interrogé sur place, dans sa chambre, verrou fermé, et chacun mis face à face de lui-même, et si vous ne me croyez pas, essayez et vous verrez bien! Essayez, et demandez-lui s'il ne désire pas que les députés prennent, le plus souvent qu'ils se le pourront accorder, vacances et congés; qu'on ne lui fasse presque pas de lois et que le Ministère d'un côté et la Chambre de l'autre, s'arrangent pour ne pas s'arracher trop fort les cheveux et pour ne pas trop crier à la fois les uns contre les autres, mais pour faire, au contraire, à petit bruit et sans attirer les voisins, le moins mauvais des ménages. Mon Dieu, la France n'est pas difficile, et elle est si lasse, si dégoûtée, qu'elle ne vous demande pas aujourd'hui de faire, mon Dieu non, elle ne vous le demande point, mais de ne pas faire, et vraiment, de ne rien faire!

On a demandé, et c'est peut-être moi qui l'ai demandé, si nous avions la tête politique, et si le gouvernement parlementaire, tel que nous l'exécutions à deux manches, était le dernier coup d'archet du genre humain?

Je sais qu'il ne faut pas trop se payer de mots, de formes et de formules; je sais qu'on ne fait pas des républicains par cela seul qu'on vous aura dit un beau matin : Vous êtes en République! il y a toujours de l'homme d'hier dans l'homme d'aujourd'hui. Il faut laisser aux générations le temps de prendre de nouvelles habitudes, ce qui est plus difficile et plus lent que de prendre de nouvelles idées. Mais, après tout, chacun, s'il est de bonne foi, conviendra qu'on peut s'accommoder du gouvernement républicain encore mieux que de tout autre. Vous pouvez l'aimer sans doute, mais vous pouvez aussi le haïr; vous pouvez en dire du bien, mais vous pouvez aussi en dire librement du mal, tout le mal que vous voudrez, et c'est même là en quoi consiste la force propre de cette sorte de gouvernement, son droit, sa vertu, son honneur, sa commodité, sa légitimité, sa garantie. Il permet tout, il souffre tout, il résiste à tout; il protége ceux qui l'attaquent, plus peut-être que ceux qui le défendent.

La République laisse jaser ses adversaires. Mais le parti légitimiste fermerait la bouche aux orléanistes, les orléanistes aux impérialistes et les impérialistes à tout le monde. Or, en France, c'est beaucoup, c'est tout de pouvoir jaser à son aise sur ceux qui gouvernent, lorsque soi-même on ne gouverne pas.

Mais vous voulez, je le vois bien, une autre révolution! il vous faut une seconde Assemblée constituante? Deux Assemblées constituantes en trois ans! Ne la consulterez-vous celle-ci que sur un point, comme par exemple sur un Roi? Quel Roi? — Sur la Prorogation? De combien? — Sur un Sénat? Lequel? — Sur deux ou trois degrés d'élection? — Sur ceci, sur cela, ou sur tout? Grosse affaire! Ah! vous prétendez qu'il faut absolument reviser parce que vous ne pouvez vous entendre, et vous vous entendrez, n'est-ce point, beaucoup mieux pour savoir si vous ferez une révision et si vous la ferez partielle ou totale? et vous avez de ces idées-là? et vous vous imaginez qu'une Assemblée constituante, essentiellement révolutionnaire par son nom, par son objet, par le peu de temps qu'elle aura à manœuvrer, par sa multitude et par son omnipotence, s'arrêtera aux toiles d'araignée que vous placerez devant elle! et vous vous croyez des hommes politiques! et c'est vous qui préférez une Constituante à une Législative! et c'est vous qui vous démolissez et qui vous défaites, vous-mêmes, pierre à pierre! O que vous êtes d'étranges conservateurs!

Comment, à moins d'avoir ce que vous ne pouvez pas avoir, ce que vous ne devez pas avoir, pouvez-vous désirer rien de plus que ce que vous avez? Comment! ce n'est donc pas assez pour vous de pouvoir attaquer en plein bois la République et de lui sauter à la gorge, sans qu'elle s'en fâche? Ce n'est donc rien que de vivre tranquillement avec vos biens, vos personnes et vos libertés, sous l'empire de cette Constitution tutélaire que vous maudissez! mais si le flot qui monte vous engloutit, que de cris ne jetterez-vous pas au bord de l'abîme dont vous rompez si imprudemment les digues? Quoi! c'est vous qui dites à la mer d'entrer!

Quand j'entends ce que j'entends, quand je vois ce que je vois, quand je vois surtout ce que je prévois, je crois vraiment que nous dansons tous des danses extravagantes, comme si nous étions pris de vin et de fureur, et qu'il ne nous restera plus bientôt qu'à bâtir avec les ruines de nos maisons, de nos églises et de nos palais législatifs, un temple immense que nous dédierons à la Folie.

Et cependant, sans apercevoir le gouffre qui s'ouvre sous vos pas, vous ne songez puérilement qu'à masquer vos batteries et qu'à tourner les objections!

— Si nous ne pouvons, dites-vous, atteindre aux *trois quarts*, nous nous contenterons de la majorité simple. — C'est-à-dire que vous

vous contenterez simplement de violer la Constitution ! Ainsi, à la moitié plus un des députés, on pourra aujourd'hui changer de Constitution et demain apparemment de Roi ! Je vous avertis qu'il y a des gens qui ne demanderont pas mieux !

On exige deux ou trois voix de plus, quelquefois l'unanimité, pour condamner un individu, et vous ne voudriez que d'une voix de plus pour mettre à mort la Constitution !

La Constitution est-elle donc à vos yeux pire qu'un criminel ?

Mais vous insistez, et vous dites que la minorité forcerait donc la main à la majorité !

Je réponds que l'objection de la Révision à la simple majorité des voix, se concevrait de la part de ceux qui ne veulent que d'un Parlement annuel et omnipotent, — mais de la part des royalistes !

Qu'eussent dit les chartistes de la Charte

orléanaise de 1830, si, de son vivant, l'on avait voulu reviser cette Charte? N'eussent-ils pas demandé tout au moins les trois quarts des voix de la Chambre et peut-être l'unanimité? Qu'eussent dit les chartistes de la Charte bourbonienne de 1814, si, de son vivant, l'on avait voulu réviser cette Charte? N'eussent-ils pas prétendu que l'unanimité ne suffisait pas? Et les mêmes, les mêmes se contenteraient aujourd'hui de la majorité simple!

D'ailleurs, est-ce que dans aucun pays et dans aucun temps, témoin Lycurgue, une Constitution se réforme comme une simple loi? est-ce que les Américains, qui ne nous valent pas pour l'esprit, mais qui nous valent mieux pour la sagesse, n'ont pas exigé les trois quarts des voix, lorsqu'il s'agirait de la révision de leur Constitution?

C'est aussi un peu la faute des constituants de 1848, si de pareilles questions sont livrées imprudemment aujourd'hui à la querelle puérile et misérable des coteries parlementaires : il aurait fallu, comme je l'avais proposé, soumettre la Constitution et, par voie de conséquence éventuelle, la Révision, à la sanction directe du peuple.

Mais êtes-vous d'avis de consulter directement le peuple, le peuple universel? Non, hommes du 31 mai, vous ne l'êtes pas! Dès lors, soumettez-vous aux conditions et aux formes établies par la Constitution.

— Mais dites-vous, nous ne commanderons qu'une révision partielle!

Ah! vous vous imaginez que les petits bras de la Législative enchaîneront le géant de la Constituante?

— Eh bien nous voterons une révision totale! — C'est cela, avec une révolution au bout.

— Nous nous moquons bien des révolutions! — Nous savons que vous vous en moquez bien, puisque votre révision y mène. Mais la France!

— Alors, nous demanderons la Révision tout court et sans nous expliquer si nous la voulons en *tout* ou en *partie.*

— C'est comme si vous demandiez à un médecin de vous guérir, sans lui dire quelle est votre maladie.

Est-ce qu'il y a aujourd'hui quelque terme moyen entre la république et la monarchie absolue, puisqu'il n'y a que celle-là de logiquement possible, et c'est donc à cette sorte de monarchie que l'on nous ramènerait ! Et vous voulez que ce généreux peuple aille se remettre au cou la chaîne qu'ont brisée ses pères ! Et vous voulez qu'il passe en vaincu dans votre camp, lui qui est votre vainqueur ! Et vous voulez qu'il consente à dévorer votre servitude, après avoir bu trois fois, à pleine coupe, dans l'ivresse de la liberté !

— Mais, dites-vous, il faut donc que nous périssions ! Je n'ai qu'une chose à vous répondre, c'est que si vous périssez, c'est parce que vous l'aurez voulu ! vous péririez tout simplement parce que vous porteriez votre perte en vous-mêmes. Avez-vous donc assez de foi en Dieu, assez de foi à la charité, assez de foi à la liberté, assez de foi à la patrie ? Est-ce que la question morale, la première de toutes, j'allais dire la seule, vous préoccupe par-dessus toute chose ? Et vous nous parlez d'un roi, de deux chambres, de deux degrés d'élection, et de grenadiers à poil ! Les belles inventions ! nouvelles surtout, et jamais essayées ! Il s'agit bien de cela !

— Mais comment donc faire, soupirez-vous pour retourner aux traditions de l'antique monarchie !

Je réponds qu'il y a deux sortes de traditions : les traditions privilégiées et les traditions populaires.

Les traditions privilégiées de la monarchie ne sont pas oubliées des fils des privilégiés, je le crois bien! être gentilhomme pour être officier; être noble pour ne pas payer tribut: cela avait ses douceurs.

Mais les traditions du peuple étaient l'impôt, la corvée, la milice, les droits féodaux, l'oppression du privilége en tout et partout, et s'il n'eût été relevé moralement par la sublime égalité de la religion, oh! la pauvre créature humaine que le paysan français!

Je ne saurais trop le répéter : Avant 89, il n'y a pour le peuple ni droit, ni liberté, ni histoire, ni nation.

Elles sont belles vos traditions!

— Mais nous aurons un million, deux millions de pétitionnaires!

Ce n'est pas moi qui dirai que leurs pétitions ne seraient pas légales, car s'il y a une liberté qui doive être illimitée, c'est celle des pétitions, à condition seulement qu'on aura liberté pareille de ne pas s'y arrêter, si elles ne signifient rien ou si elles signifient trop. Or, pour que les pétitions en faveur de la révision signifiassent quelque chose, il faudrait que les illettrés qui les signent, exprimassent bien précisément ce qu'ils veulent et ce qu'ils ne veulent pas; et, pour qu'elles ne signifiassent pas trop, il faudrait que plusieurs des signataires et de leurs souteneurs ne voulussent pas absolument l'Empire et rien que cela; d'autres, absolument Henri V et rien que cela ; ceux-ci, absolument la Régence et rien que cela; ceux-là, absolument la Prorogation et rien que cela!

Que veulent les pétitionnaires, que veulent-ils, mais dites-nous-le donc, de l'une de ces quatre choses, à moins qu'ils ne disent qu'ils les veulent toutes à la fois?

Mais à qui fera-t-on vraiment accroire que les paysans et les artisans français sont impatients, sont avides de nouveaux changements, de nouveaux troubles, de nouvelles guerres, de nouveaux impôts, de nouveaux épuisements, de nouvelles pauvretés, de nouvelles famines, de nouvelles ruines et de nouvelles servitudes? Si les paysans et les artisans français, c'est-à-dire si 30 millions d'hommes sur 36, voulaient revenir à ce qu'étaient leurs pères, s'ils voulaient s'abdiquer eux-mêmes, se renoncer lâchement, se recoucher à quatre pattes devant les idoles du passé, je n'hésiterais pas à dire que ce peuple est indigne de la liberté; que, s'il ne l'avait pas, il ne faudrait pas la lui donner, et que, s'il l'a, il est trop ignorant et trop abruti pour qu'on la lui laisse !

Non, je ne flatte ici ni le gouvernement, ni le parlement, ni les autres, ni moi-même ; je ne me dissimule pas les vices de la Constitution, ses longueurs, ses gênes, ses contradictions et ses inutilités.

Mais je dis, je soutiens que les Chartes de 1814 et de 1830, outre la tache originelle de leur principe, étaient beaucoup plus confuses et beaucoup plus illogiques que la nôtre.

Mais je dis et je soutiens qu'il n'y a pas une monarchie constitutionnelle dont les étais vermoulus ne soient pas tout prêts à tomber en poussière; pas une combinaison de suffrage universel à deux ou plusieurs degrés, qui ne soit plus attentatoire à la souveraineté du peuple, plus humiliante, plus fausse, plus injuste et plus dangereuse que le suffrage direct, restreint même à cinquante mille électeurs; pas un arrangement de chambres, l'une de pairs ou de sénateurs, l'autre de députés censitaires, qui n'ait déjà été pratiqué et qui ne soit d'avance ruiné et perdu; pas une dynastie royale ou impériale, aînée ou cadette, ou branchue de je ne sais où, qui puisse supporter les épreuves du suffrage universel et direct, d'un parlement public et d'une presse libre; pas de parti royaliste, quel qu'il soit, qui puisse se rebâtir et se relever au milieu des ruines de la patrie.

Mais je dis et je soutiens qu'il est honteux pour la France que nous ne puissions nous tenir, même durant trois ans, dans une Constitution où triomphe, après quatorze cents années d'oppression et de luttes, le principe de la souveraineté de la nation.

Mais je dis et je soutiens qu'il faut que nous soyons tous atteints d'un accès de petites-maisons pour nous donner tous un rendez-vous sanglant et anarchique sur le champ de bataille de 1852.

Mais je dis et je soutiens que constitutions et reconstitutions, visions et révisions n'arrêteront pas, je ne le crains que trop, les impatiences féroces qui nous déchirent le foie.

Mais je dis et je soutiens, et c'est là la plus grosse objection à laquelle je ne sais répondre, qu'on ne guérit que les gens qui veulent être guéris. Mais les gens qui ne veulent pas l'être! Or, la classe officielle, la nation bourgeoise, la France lettrée, nerveuse, fiévreuse, comment la nommerai-je si elle a un nom, cette France-là dont je fais partie, elle ne veut pas être guérie! Je le soutiens devant tous les gens sensés de l'Europe qui nous écoutent et qui nous regardent, elle en serait bien fâchée vraiment! Comment! elle se verrait réduite à ne pas tourmenter les autres et à ne pas se tourmenter elle-même! Comment! on ne lui donnerait rien de nouveau? C'est du nouveau, je vous dis, qu'il lui faut, ce nouveau fût-il de l'ancien! Et quand nous aurons ce que nous voulons qui est ce que nous ne voulons pas, on peut être bien sûr que dès le lendemain nous voudrons d'autre chose.

Pour que nous ne changions pas continuellement, il n'y aurait qu'une chose à changer en nous, c'est nous-mêmes!

Ne l'espérons pas.

Puis donc que je n'ai point, ce n'est pas ma faute, une confiance sans bornes dans les très-honorables révolutionnaires des hautes classes de mon pays, il ne me reste plus qu'à m'adresser au Président de la République, et je lui dirai:

«Écoutez la voix d'un homme qui a pris votre défense lorsque vous étiez prisonnier, qui ne vous a jamais demandé de faveur, qui n'a point voté pour votre magistrature, mais qui ne vous est pas hostile; qui sait la bonté de votre cœur, votre amour de la patrie, votre sympathie pour la liberté; qui va plus loin, qui croit, qui dit que tout autre président que vous, moins modéré, moins flegmatique, plus vif, plus osé, aurait peut-être allumé une guerre continentale et précipité la chute de la République.

» Quand le vote universel et direct de nos artisans et de nos laboureurs, quand tout ce peuple en blouse et en sabots vous porta sur le pavois de la Présidence, malgré la noblesse, les fonctionnaires, la presse, la bourgeoisie et le parlement conjurés, vous pouviez dès le lendemain de votre élection, déposer le fardeau du pouvoir et vous vous seriez retiré tout couronné de vos six millions de suffrages, avec le plus grand honneur dont jamais aucun homme ait été couvert et illustré depuis le commencement des siècles.

» Mais, puisque vous avez cru devoir vous dévouer à la fatalité du gouvernement des hommes, sachez vous arrêter et vous contenir dans l'héroïsme de ce sacrifice.

» Ne vous laissez pas dire qu'un pouvoir à temps traîne avec soi l'anarchie, car Rome a commandé à l'univers sous des consuls annuels; les États-Unis fleurissent sous un président quadriennal. Gouverner à vie, gouverner pour dix ans, on ne vous l'a point permis et vous ne vous l'êtes point permis vous-même.

» Oui, vous êtes tellement lié, je parle à un honnête homme, vous êtes tellement lié que, de tous les Français, vous l'êtes seul, puisque vous êtes le seul de tous les Français qui ne puisse demander ni accepter une prorogation; vous êtes tellement lié que la révision même de la Constitution, qui abolirait la non-rééligibilité, ne vous relèverait pas de votre serment au fond de votre conscience.

» Tous ces rois et empereurs qui règnent autour de vous, tous ces prétendants qui se disputent une usurpation, ne sont que les représentants du fait, du privilége et du glaive. Personne avant vous n'a été, ni en aucun temps ni en aucun pays de l'Europe, le chef incontestable d'une grande nation. Qu'avez-vous encore à désirer et où votre ambition pourrait-elle monter plus haut? Être ou avoir été président de la République française, ce n'est pas être ou avoir été moins qu'un roi, et, quant à ce qui est d'une couronne, il n'y a pas de couronne sur la terre qui ne soit, vous le savez bien, au-dessous de votre nom.

» Mais ce qui est incomparablement au-dessus d'une couronne, et même au-dessus de votre nom, c'est de garder la foi promise, c'est de faire votre devoir, c'est de vous retirer lorsque vous pourriez rester, c'est d'être citoyen lorsque vous pourriez être roi!

» Car un homme de votre race, à l'encontre de tant de monarques et de tant de prétendants vulgaires, ne doit offrir que de grands exemples au monde. Dieu ne ménage que de rares occasions d'immortalité aux hommes qu'il a marqués de son sceau. Qu'est-ce, après tout, que de vaincre, et combien de héros n'ont pas vaincu et ravagé d'Empires? Qu'est-ce que de régner, et combien de soixante rois, sans excepter Napoléon, n'ont pas usurpé le trône? Mais il y a une place nouvelle et plus belle à prendre dans l'histoire, la place du pouvoir suprême, légitimement reçu et fidèlement quitté. Ce sera la vôtre! Devenez, devenez le vrai, le glorieux fondateur de la République française. Il est bon que le premier de ses Présidents ne soit pas réélu; il est bon que vous ne donniez pas les mains à la révision intempestive d'une Constitution que vous avez jurée. Il est bon qu'on sache que vous pourriez encore réunir sur votre tête des millions de votes, et que vous en avez noblement répudié l'hommage. Parlez, non pas dans un an, non pas demain, mais aujourd'hui! parlez, le temps presse, le pays se trouble, le commerce souffre, le peuple languit; son sang se retire, son pouls ne bat plus; parlez, le peuple attend dans le silence ce que vous allez dire! Parlez, il n'y a que vous seul qui puissiez comprimer les trois factions de la légitimité, de la régence et de l'empire, rétablir le suffrage universel, et passer hardiment avec la France sur ce pont tremblant de 1852 que la Providence semble avoir jeté entre des abîmes. »

FIN.

PAGNERRE, LIBRAIRE-ÉDITEUR.

OUVRAGES DU MÊME AUTEUR.

Livre des Orateurs. 17e édition, augmentée d'un appendice contenant de nouvelles silhouettes d'orateurs. 2 vol. in-18 grand jésus vélin. 7 fr.
Relié en demi-chagrin doré sur tranche. 11 fr.

Portraits séparés, chaque orateur, tiré sur grand papier pour être encadré, sur chine. 1 fr.

Collection des 27 portraits pour les éditions en langues étrangères. In-8o. 8 fr.

Entretiens de village. 8e édition, revue et augmentée, illustrée de 40 jolies gravures. Ouvrage couronné par l'Académie française. 1 vol. in-18 jésus vélin. 3 fr. 50 c.
Reliure anglaise dorée sur tranche. 5 fr.

De la Centralisation. 1 vol. in-32. 1 fr. 25 c.

Le Maire de village. 1 vol. in-32. 75 c.

La Légomanie (sur le conseil d'État). 75 c.

18e édition des deux derniers pamphlets de Timon sur la dotation. 75 c.

Oui et Non au sujet des Ultramontains et des Gallicans (1845). 75 c.

Feu! Feu! Réponse aux adversaires de OUI et NON (1845). 75 c.

Ordre du jour sur la corruption électorale et parlementaire (août 1846). 50 c.

Pamphlet sur l'indépendance de l'Italie. 1 vol. in-32 (1848). 75 c.

Deuxième pamphlet sur l'indépendance de l'Italie. 30 c.

Des salles d'asile en Italie. In-32. 50 c.

Trois dialogues politiques, *La Souveraineté du peuple, — L'Assemblée nationale, — et la République.* In-32. 15 c.

Apologue sur les blessés de la presse, sous le gouvernement de juillet. 10 c.

Petit pamphlet sur le projet de Constitution de 1848. 50 c.

L'éducation et l'enseignement. Instruction secondaire. In-32. 75 c.

Liberté, Gratuité et Publicité de l'enseignement. In 32 (1850). 50 c.

Paris. Typographie Plon frères, rue de Vaugirard, 36.

www.ingramcontent.com/pod-product-compliance
Ingram Content Group UK Ltd.
Pitfield, Milton Keynes, MK11 3LW, UK
UKHW031920260826
14628UKWH00003B/1318

9 782012 984066